JN437926

2009~2018

이유가 있었나 보다

2009~2018

이유가 있었나 보다

초판 발행일 **2018년 7월 20일**

지은이 **최제영**
발행인 **김미희**
펴낸이 **몽트**

출판등록 **2012.12.20 제 2014-0000-38호**

주소 **경기 안산시 단원구 고잔로 23-12**
전화 **031-501-2322** 팩스 **031-501-2321**
메일 **memento33@hanmail.net**

값12,000원
ISBN 978-89-6989-037-5 03810

* 이 책은 안산시 문예예술진흥기금을 일부 받아 제작되었습니다.

「이 도서의 국립중앙도서관 출판예정도서목록(CIP)은 서지정보유통지원시스템 홈페이지(http://seoji.nl.go.kr)와 국가자료공동목록시스템(http://www.nl.go.kr/kolisnet)에서 이용하실 수 있습니다.(CIP제어번호: CIP2018021381)」

2009~2018

이유가
있었나 보다

최제영 시집

몽트

시인의 말

충남 당진시 합덕읍 옥금리 154번지에서 1959년 7월18일(음력) 초저녁에 태어났다. 산이 없는 메마른 들판이다. 무더운 여름 그늘이 없어 사타구니에 땀띠가 났지만 기름진 논에서 자란 쌀과 단단한 육쪽 마늘, 그리고 쪽파를 먹고 성장했다.

들판에서 자란 탓인지, 마음이 심란하거나 무언가 정리하고 싶을땐 산과 바다 계곡을 자주 찾는다.

사회부 기자로 28년이라는 세월을 보냈다. 후회는 없다.

아내를 일찍 만나면서 인생을 바꾸는 계기가 됐다. 충북 영동이 처가인데, 장인 어르신은 경찰관 출신이다. 머리가 좋은 장인 장모님의 유전을 받은 탓인지, 공부를 잘했다고 한다. 막내처제는 이화여대 의대를 나와 대전에서 병원을

운영하고 있다. 아빠가 이루지 못한 예능을 큰딸이 대신해 줬다. 음대와 음악교육 대학원을 나와 한 중학교 음악교사로 근무하고 있다. 작은딸은 사건사고를 취재하는 아빠의 모습을 보고 자란 탓인지, 여경이 되기위해 3년째 공부를 하고 있다. 하나밖에 없는 아들은 제대를 하고 나서 휴학중인데, 훤칠한 키에 훈남형의 얼굴을 가졌다.

「2009~2018 이유가 있었나 보다」 시집에 들어간 시들은 지난 2009년에 한줄한줄 써내려간 쓴 풍자시가 대부분이다. 2009년은 이명박 정권이 잘 나가던 시절이었다. 민주주의가 10년 전으로 후퇴하면서 정치적 혼란과 격동의 순간이 이어졌다. 종교편향 시비로 사회적 갈등이 격화되면서 일부 불교종단에서 반발이 대단했다.

노무현 전 대통령과 김대중 전 대통령의 서거는 나에게 상당한 정신적 충격과 상처, 자신을 돌아보는 계기가 됐다. 9년이라는 세월이 지난 지금, 그때 써놓은 졸작시를 펴냈다. '부처님과 하느님이 만났다'라는 시는 청계사에 들렀다가 천주교 수원교구가 내건 '부처님 오신날 진심으로 축하합니다'라는 현수막을 보고 시를 썼다. 서로를 인정하고 배려하자는 의미로 여겨졌다. 장롱속에 잠자던 시들이 세상 밖에 나왔다. 2009년 이후 지금까지 나라를 다스린 두 대통령은 지금 감옥에 갇혀있다. 국가적으로 망신스럽지만 이번을 계기로 다시는 이 같은 지도자가 나오지 말아야 한다.

「2009~2018 이유가 있었나 보다」가 나름 가슴여미는 시로 남겨지길 간절히 바랄뿐이다.

• 목차

Ⅲ

Ⅳ

2009~2018

I

어머니와 동백꽃

아파트 베란다에 동백꽃이 활짝 피었다
일 년 만에
더욱 화려한 몸짓을 한다
동백이 나에게 묻는다

'어머니 어데 계시냐'

벽에 걸린 가족사진 속에서
동백꽃이 왔냐며 금방이라도
달려 나오실 어머니

손때 묻은 화분의 다정한 음성이 들리는 듯
어머니가 웃고 계신다

진동계곡에서

방태산 얼굴을 바라보고
흘러내리는 그곳에
진동계곡이 있었네

어디서 시작하여 여기까지 왔는지
바위 밑에 뛰노는 작은 물고기와
옹기종기 얘기할 시간도 허락치 않고

쏜살같이 멀어져가는 물길
얼마나 바쁘길래 갈길 서두르나

시원한 물살을 가르고 떠나는
진동계곡 물소리

이 여름이 가기 전에

용산 하늘에 떠있는 뭉게구름
언제 편안히 쉬려나

개성공단에 멈춰선 기계소리
금강산 밟고 이름을 불러보고 싶은

이 여름이 가기 전에

평택 하늘높이 떠있는 외로운 님
너도 살고 나도 살자는데

봉하마을 어귀에 휘날리는 슬픔의 영혼편지
들판의 익어가는 벼이삭처럼

이 여름이 가기전에

인제 진동계곡의 힘찬 물소리
천진암 성지에서 흘러내리는 계곡물에

여름장마 장대비에
모든 슬픔 쓸려 내려가기를

이 여름이 가기전에

언제나 오늘

오늘만 얘기하자
내일은 꿈으로 희망으로

어제를 회상하자
기억이 살아 있는

어제도 내일도
잡을 수 없는 무념의 공간

아름다운 세상은
단 하루,
오늘 뿐인것을.

매미 울음소리

누군가 그립다 소리 내어
엉엉 울어 댑니다

힘차게 울어야
님 찾아 온다기에

이렇게 하염없이
울어 봅니다

몇 천 번을 더 울어야
사랑하는 님 찾아올까

그리운 님 그리운
어느 여름날

굶으라는 당신, 참 훌륭해요

배고파 하는 아이들
누군가 그냥 밥 준다고
세상에 알리니
반가워 손뼉치고 기뻐하더라

아뿔사,
누군가 나타나
밥을 줄 수 없다고
밥 한 끼에 장난치는 어른들

이런 세상 물끄러미
바라보는
때 묻지 않은 눈망울들

그들 눈에 비친 당신들
정말 보고 싶지 않은 사람이라 부를게다.

가을비 내리는 날

우산도 없이 뚜벅뚜벅
코스모스가 피어있는
그곳으로 가 보니

코스모스보다 아름다운
코스모스보다 향기로운
사람 사람들

가을비 노래하며
추억을 떠올리며
호젓한 들길을 걷네

가을비 내리는 날

7월7석

견우와 직녀가 만난다는 칠월 칠석
슬픈 이별과 만남
수많은 세월 속에 묻어놓은
사랑의 이야기
가슴 설레며 사는 것은
우리네
운명 같은
영원한 안타까움의 연속인가

우산이야기

필요할 때 소중함 알고
곁에 있을 때 귀함을 아는가

꼭 필요할 때만 찾고
내동댕이치는

그런 세상은 정말
싫은데

어쩔 수 없이
그렇게 살게 되고 만다

아! 정말 우산처럼
살고 싶은데

산을 오르며

산을 오르다 보면
처음 만나는 사람도
한 가족이다

안녕하세요 반갑습니다
조금만 힘내세요.
다 왔습니다

도시락 먹는 사람을 보면
식사하세요
맛있게 드세요
인사를 건넨다

산악대장 구조대장
산악부대장 구조부대장
대장도 많다

오늘도 산에 오른다
오늘 만나는 사람들은
누구일까

돔구장이 무엇이길래

해야한다하고
해서는 안된다하고
뭐가 옳은지 모르겠다

친구와 친구끼리
가족과 가족끼리

이웃과 이웃끼리
의원과 의원끼리

사람들 갈라놓은 그 놈의 돔구장
아! 시끄럽다 이놈들아

흩어진 민심이나 돌려다오

포도가 익어가는 계절에

탱글탱글 검게 익은
포도송이

결실의 시간을 견디며
계절을 축복하네

행복한 보랏빛 와인
향기로운 만찬

포도가 익어가는 계절

살고 죽는다는 것

살아가노라면
힘들어 눈물짓고
늙고 병들어 눈물지으며
한 세상 사는 거지

이 세상 떠날 때쯤엔
남겨놓은 한 마디
그래도,
한 세상
살만한 곳이었다고

생일날에 붙여

여름 가는 길목에 붉은 핏덩이 보시고 선풍기 에어컨도 구경 못한 시절에 어머니는 빙긋이 웃으셨답니다. 위로 사내아이를 잃고 낳은 아들이니 그럴 법도 했겠지요. 삐쩍 마른 눈만 덩그런 왕눈이. 할머니가 차려준 미역국 드시고 저의 얼굴을 보고 또 보았답니다. 드넓은 들판에서 아들을 낳고나니 산모의 진통도 잊었답니다.

오늘 아침 아내가 차려준 미역국을 먹었습니다. 어머니가 나를 낳고 드셨던 미역국을 제가 먹었습니다. 아내와 두 딸 그리고 아들이 곁에서 생일을 축하해 주었습니다.

생일날,
어머니가 그립습니다.

시를 쓰는 사람

시인이 되고 싶다
시인을 꿈꾸고 산다

글맛은 마음에서 나온다
말도 마음에서 나온다

나도 그렇고
너도 그렇다

시인이라는 이름으로
시인이라 불리우고 싶다

나는,
시를 쓰는 사람이다

2009~2018

Ⅱ

하늘이 주는 선물

높고 파란 하늘은
쪽빛입니다

잔잔히 부는 바람은
가는 여름이 아쉬운 듯
산들산들 불어옵니다

호수에 떠있는
쪽배에 몸을 싣고

창공을 훨훨 나르며
희망을 노래하고 싶네요

황하코스모스

축제가 있었답니다. 황하코스모스 축제랍니다. 그런데 그 코스모스는 이미 지고 말았답니다. 원래 지는 시기였답니다. 지고 싶어 진게 아니랍니다. 자신도 몰랐답니다.

어느날 갑자기 축제가 취소되었답니다. 황하코스모스가 졌기 때문이랍니다. 신종플루 때문이랍니다. 이벤트가 많은 도시. 코스모스는 안산의 어느 청색 지붕을 바라보며 울고 울었답니다.

코스모스와 가을노래

스산한 가을바람 사이로
한들한들
바람 따라 흩날리면
옛 추억 다가와
코스모스 바라보고
높은 하늘 쳐다보니
가을 노래 절로 나네

메밀꽃

이루지 못한 사랑처럼
지고 마는 메밀꽃

사랑을 나눴다는
물레방아 소리
아! 그 옛날 아련한 추억

원두막 아래 펼쳐진
메밀꽃 사이사이
사랑 행복 담으면 좋으련만

이 세상에서 제일 큰 것은

하늘만큼 땅만큼
이만큼 큰 것이 어디 있을까
이만큼 갖고 싶은 게 어디 있을까

하늘을 잡을 수도
땅을 가질 수도 없으니
모든 게 허상인 것을

이 세상에서 제일 큰 것은
이 세상에서 가장 갖고 싶은 것은

우리의 생각인 것을
우리의 마음인 것을

크게 생각하고
넓게 마음먹으니

이보다 큰 행복이 또 있을까
그래서 이 세상에서
제일 큰 것은 생각이라 하나보다.

손

엄지 검지 약지
이름도 가지가지

만지고 들고
만들고 부수고
긁고 끼우고 빼고

만능 기술자,
그 이름
손

양수

열 달 동안 물속에서
숨 쉬고 살다가
그곳에서 나온 뒤
공기 마시고 삽니다

세상에 나오니
천지가 물이랍니다
바다에도 산에도
호수도 냇가에도

바다를 좋아하는 이유가
바로 거기 있었나 봅니다
어머니의 바다가
내 고향이었으니

황금들녁

하늘에서 본 황금들녁
가을이라서 그런가 보다
오곡백과 무르익은 시절

가을 밤하늘 수놓은
춥지도 덥지도 않은
그런 계절에

우리네 마음도 그와 같이
풍요로웠으면

꼭 그렇게 되었으면.

단풍 인생

봄날에 태어나
가을에 이승을 떠났습니다

목숨 다히니
나뭇가지에 대롱대롱
애처로이 매달려있습니다

사람들은 내 슬픈 모습에
감탄하고
손뼉치고 환호합니다

나무에서 떨어지면
저를 밟고 지나갑니다

내 이름은 단풍입니다.

멀쩡한 육교가 철거되는 날

멋들어진 육교가 철거됩니다
나이가 늙어서가 아니랍니다

철거가 못내 아쉬운 듯
부서지는 소리를 요란하게 냅니다

멀쩡한 도로도 수술중입니다
겉을 득득 긁어내고

줄도 하얗게 새로 그립니다
새로 포장중이랍니다

누구를 위한 걸까요
누가 하는걸까요

그걸 모르면 바보입니다
우리는 바보입니다

돈 내는 사람 따로
폼 잡는 사람 따로

욕

먹기도 하고
듣기도 한다는

입이 없으면 먹지 않고
귀가 없으면 듣지 않을텐데

속상하고
마음 아프니

아름다운 향기만 있게
할 수는 없을까.

멈춰선 추억

어릴 적 정들었던 초등학교
작고 초라합니다

집으로 가던 신작로
넓디넓듯 하고
차도만큼 커보이던 논둑길

정지된 추억은
한 발짝도 꼼짝 않고 있으니

추억은
마음의 화석입니다

얄미운 텔레비전

텔레비전에서 볶고 지지고
음식자랑이 한창입니다

손에 금방이라도 잡힐듯
먹음직스런 그림이
눈앞에 어른거립니다

삼킬 침도 없습니다
화면속의 사람들은
나의 마음을 모릅니다

텔레비전을 끄니
덩그라니 놓여있는
브라운관이 나를 응시하고 있습니다

소리 없이 나를 보고 있습니다.

화장실에서

가고 싶지 않지만
언제나 가야하는 곳

머물고 싶지 않지만
머무를 수밖에 없는 곳

잘 먹고 잘 싸고 잘 자야 한다고
그러기 위해서 가야하는 곳

건강과 행복의 조건을 담은
아름다운 곳 화장실이래요.

사람보다 잘 타고난 애완견 팔자

머리가 길어도 돈이 없어
이발을 못하고 삽니다
먹고 싶어도 먹을 수 없고
집이 없어 길에서 잠자는
노숙자랍니다

하지만
그대는 다릅니다
동물병원 미용사에 맡겨
파마를 하고 뽐내는
그대를 보면 참 부럽습니다

고급음식(사료)에 가끔은
호텔에서 잠자는 진정 호사가입니다

주인님의 아름다운 품안에 안겨
달콤한 낮잠도 청하고
식당이나 공원산책을 맘대로 즐기니
사람보다 못할게 없습니다

가을비에게 전하는 말

흥분으로 가득한 세상
명태만큼 메마른 사회
털기만 하면 먼지가 나고
벗겨만 놓으면 자유롭지 않은
사람 사람들

넘어져도 부축하는 사람 없고
강도를 만나도 나몰라라 하니
차라리 혼자라는게 낫다는
생각을 하게 되네

형제간에도 친구간에도
돈이 있어야 대접받고
그게 벼슬이라 하고
그게 현실이라 하니
누구를 원망하랴

그런저런 세상에
오늘 내리는 가을비는
상념이 멈추도록
좀더 촉촉히 내렸으면 좋겠네

남자는 아이예요

굵은 목소리로 호령하고
팔뚝자랑 술자랑 합니다

얼굴엔 털보같은 수염으로
건장한 남자지만

주사바늘만 보아도
무서움을 타는 약한 남자입니다

아침이면 깨워야 하고
현관에서 잃어버린 준비물 확인받는
남자는 아이입니다

2009~2018

Ⅲ

자연이 우리에게 주는 교훈

고추가 익어가는 계절에 금물禁物이 있답니다
하늘에서 내리는 비라고 합니다

김장에 쓰는 배추는 반대랍니다
비가 반드시 와야 쑥쑥 큰다고 합니다

도토리가 대풍인 해에는
벼농사는 엉망이랍니다

도토리 나무 꽃가루에 비가 젖으면
꽃을 날릴 수 없으니까요.

우리의 인생도 모두 같을 수는 없나봅니다
자연의 이치가 그런가 봅니다.

문화와 예술은 우리의 친구다

네가 옳다 내가 맞다 주장하니
진정 옳은 것이 무엇인지 알 수 없네

뽀오얀 얼굴 홍당무로 변해
내 편 네 편 갈라지네

흥겹게 노래 부르고
그림 그리고, 글 쓰다보니
어느새 한바탕 놀이마당이 되어 버렸네

한 목소리로 노래 부르고 즐기는 친구들
문화예술이 우리에게 주는 선물일세

가을에 서서

풍성한 오곡백과만 아니고
높고 푸른 하늘만도 아닙니다

어머니 미소처럼 온화한
어머니 품속처럼 따뜻한
가을 햇살이라는 선물이 있습니다

가을바람 따라
오솔길을 걷다보면 추억이 그리워집니다

가을을 예찬할 수 있다는 것
살아있다는 행복이 아닐까요.

우리에게 소중한 것들

물 없이 살수 없고
흙 없이 살수 없다
공기가 없다면 어떠할까

무엇이 더 소중하냐고 물으면
순서를 말할 수는 있겠지
물보다 공기가 소중하다고

다음이 물이요 땅이라고 답하면
고개를 끄덕일까

값비싼 보석,
꼭 필요한 것은 아닐 수 있지
하지만
갖고 싶은 욕망이 꿈틀대지

뛰는 심장만큼 소중하지는 않을텐데.

인생은 흐르는 물과 같은 것인가

세상과 부딪혀 다치고
상처투성이가 되어도
세월은 흘러갑니다

물이 흐르다 물과 만나고
바위와 부딪혀 아파하지만
묵묵히 흘러갑니다

기쁨 분노 사랑 환희
우리가 살아있기에 느낄 수 있는
희노애락 喜怒哀樂

우리는 같이 흘러갑니다

부처님과 하느님이 만났다

청계산 중턱에 자리 잡은 청계사
부처님과 하느님이 서로 만나 인사했다

'부처님 오신 날 진심으로 축하합니다'

봄바람에 펄럭이는 현수막
산을 오르던 사람들은
자비와 사랑의 의미를 읽었겠지

사랑 안에는
부처님 하느님도 한 마음

안산사람은 종합예술인

충청도 전라도 강원도 경상도가 모였다
그랬슈우 그래버려 그랬더래요 그랬능교

팔도사람들이 모여 주인이다 외치고
누가 어른이라고 큰소리치며

원래 주인은 꼭꼭 숨어있거나
어디론가 떠나고 껍데기만 남았다

청춘도 삶도 영혼도 사라졌다
어부漁夫도 떠났다
향우회 NGO 단체가 끝발이 되어버렸다

정들면 고향이라 이웃이 좋다며
그들이 결국 주인이 되었다

안산은 종합예술인이니
예찬론을 펼치는 놀이 마당극 펼쳐보면 어떨까.

거목이 쓰러진 날

진고개 너머너머
노인봉 다다르니
오대산 광야가 가슴을 품고

굽이굽이 능선 따라
하산하는 물줄기에
귀 뚫릴 듯 시원한 폭포소리

계곡소리 새소리
바람 따라 흔들리는 소나무 끝자락

큰 나무 스러져
우리 곁을 영영 떠난 날

민주화와 남북화해
기틀을 만들고 가신님

슬픔, 고통, 이별까지
모두 다 가져가시기를
꼭 그러시기를

2009년

종교 지도자 김수환 추기경
정치 역사의 한 페이지를 장식한 노무현 전 대통령
영욕의 한 시대를 풍미했던 김대중 전 대통령

찬란한 3개의 별이 떨어진 2009년
사람들은 슬픔에 눈물을 쏟아낸다

2010년에는
새로움을 열어줄 큰 별들이 우리에게 오기를

행복한 나라, 행복한 국민
희망의 날을 기대하며

뺏지 하나가 떨어지고 나니

키 자랑이 한창이고 목소리 자랑도 대단하다
잘난 사람뿐이니
못난 사람은 뒤로 빠져있다

자뭇 말잔치 요란하다
잘해주겠다 약속하고
도와 달라 애원한다

포스터에 여러 얼굴 내걸리고
모두가 행복한 표정들

누가 주인공이 될까
누구를 선택할까
고민만 깊어간다

김대중과 노무현이 만났다면

만날 수 있다면
만난다 했으니
지금쯤 둘이서
악수하며 인사했겠지

두 손 꼭 붙잡고
희망을 얘기하고
통일을 소원하겠지

원통하고
분한 마음
이제 모두 훌훌 털고

평화를 위해
남과 북을 위해
기도하겠지
두 손 모아 기도하겠지

황당한 결혼통보

안산 사는 총각이 시흥 사는 처녀에게 청혼을 했습니다. 처녀에게는 물어보지 않았습니다. 총각은 결혼할 거라고 친척들에게 자랑을 늘어놓있습니다. 청첩장도 보냈습니나. 총각은 보아둔 돈으로 큰 집에서 살 거라고 했습니다. 며칠이 지났습니다. 어디선가 큰 소리가 들렸습니다. 처녀 측에서 누구 마음대로 결혼이냐며 버럭 화를 냈습니다. 무시당했다며 팔을 걷어붙이고 한판 붙어볼 태세였습니다. 처녀측은 수 년 전 총각집에 빌려준 쌀 10가마를 갚으라고 했습니다. 빌려줬던 소작농도 내놓으라고 소리쳤습니다. 총각집은 어찌할 바를 모르고 벌벌 떨고 아무 말도 못했습니다.

청혼은 없었던 일이 됐습니다. 총각은 두 손으로 빌고 또 빌었습니다.

혹을 떼려다 혹을 붙이고 만 아주 어리석은 짓이었습니다.

어느 정치인의 출판 기념회

여러 사람들의 얼굴이 보입니다. 서로 악수하며 반갑게 인사를 나눕니다. 한 번 금뱃지를 달았고 두 번째 도전 목전에서 멈추고 만 정치인입니다. 그는 충격으로 실명위기에서 겨우 벗어났다고 합니다. 그는 서울의 아주 작은 정밀 공장에서 공원으로 일을 하기도 했답니다. 한때는 부동산 중개사 학원 강사로 이름을 떨치기도 했고 동네 어귀에서 방범 활동도 했습니다. 그런 사람이 살벌한 정치판에 들어와 쓰라린 여러 경험을 했답니다. 이제 자연인으로 돌아왔으니 싸울 일도 소리칠 일도 없어 보입니다. 말을 들어보니 국회의원으로 잘 나갈 때 아부하던 정치 초년생도 외면하고 떠나버렸답니다. 냉정한 정치세계라는 것을 새삼 느꼈답니다.

출판기념회에서 그의 눈에 비춰진 초상들 과연 어떤 느낌이었을까요.

화실에서 만난 어느 화가의 얼굴

자그마한 화실에 들어서니 특유의 그림 냄새가 코를 찌릅니다. 사방의 벽면에 걸려있는 초록 붉은 색깔의 옷을 갈아입은 나무그림들, 아름다운 자태가 그럴씨합니다. 카메라로 찍은 형형색색의 나무들을 손끝으로 오밀조밀 그린 것이라 합니다. 화가는 나무를 무척이나 사랑한답니다. 그래서 나무를 그리게 됐다고 말합니다. 평범한 나무 그림 틈새에 연꽃 그림이 눈에 살짝 들어옵니다. 시흥의 관곡지에서 찍은 연꽃을 정성스레 그려본 것이라 합니다. 화가는 교회에 다니는데 불교를 상징하는 연꽃을 그리게 된 것이 무척 궁금해졌습니다. 보는 순간 그냥 아름다웠다고 합니다.

예술은 종교를 초월하는 마약 같은 힘이 있나 봅니다.

어떤 산악회의 송년산행

3만원을 주고 2009년 송년 산행을 따라갔습니다. 처음 가는 산악회라 서먹했습니다. 전직 시장님이 보였습니다. 그 분만 아는 체를 합니다. 올 들어 가장 춥다는 쌀쌀한 날이었습니다. 한라산 설악산 지리산 방태산에는 눈꽃이 활짝 핀 날이었습니다. 가까운 곳으로 산행을 하고 난 뒤 행운권 추첨에 맛있는 음식까지 대기하고 여흥시간도 마련됐다고 합니다.

상록수역을 출발해 안양 병목안에 도착해서 수리산 능선을 따라 반월 저수지 쪽으로 내려왔습니다. 초원산장이라는 거창한 간판이 보이는 곳에 도착하니 허기진 배를 달래줄 생각에 눈이 번쩍 뜨였습니다. 그런데 이게 웬일인가요. 식당 안으로 들어가는 것이 아니고 건물 옆 간이 천막으로 들어갑니다. 겨울 칼바람이 사방에서 불어오는 엄동설한에 이럴 수가 있단 말인가.

추위에 덜덜 떤지 어인 2시간 30분, 이제 집으로 가야 할 시간입니다. 그런데 이게 또 무슨 낭패인가 각자 알아서 집으로 가야 한다네요. 버스도 없고 택시도 없는 한적한 시골마을에서 사람들은 혀를 차고 후회하고 투덜투덜 댔지요. 그런데 어디선가 안내방송이 들립니다.

아! 아! 다음 산행에도 꼭 참석해주시기 바랍니다.

축시 _(재)안산당진향우회장 이 취임식에 맞춰

사랑의 종소리 귓전에 울려 퍼지고
그 종소리에 매서운 칼바람 살포시 녹이는 오
늘입니다

새롭고 힘차게 시작하는 (재)안산당진향우회

한 해를 보내고 새해를 맞이하는 즈음에
열성을 다한 이재천 전임 회장님을 격려하고
이한수 신임 회장님 손뼉쳐 맞이합니다

당나라 해나루 당진 땅에서 안산으로 정착한
형제들
씨 뿌리고 수확하고 꽃을 피운지도 어언 수 십 년

아~ 당진향우회여!
활화산처럼 활활 타오르는 당진향우회여
영원하라.

칠갑산 산행길

칠갑산 자락에 흰눈이 수북이 쌓여 있는 날
사뿐 걸으니 들려오는 뽀드득 소리

콩밭도 하이얀 이불에 덮어진 탓일까
엉엉 울어대던 아낙네 통곡소리 오간데 없고

눈꽃 송이 대롱대롱 벗 삼아 들릴 듯한 산새 소
리여
좋은 님 찾아오려는 건지
속삭이면 어떠할까.

2010년 경인년을 맞이하여

2010년이라는 세월 그날을 맞았으니 반갑다 인사를 건넵니다. 2009년의 지난 세월 순간순간마다 고마웠습니다. 하얀 호랑이 백호가 60년만에 찾아왔으니 힘찬 용맹 주라고 빌어봅니다. 산도 들도 흰옷으로 갈아입고 하늘과 땅이 하나가 되었습니다. 우리가 숨 쉬는 심장 박동소리도 여전합니다.

호랑이 담배 먹던 시절이라고, 호랑이도 제 말하면 온다고 어깨 두드리며 자장가 불러주시던 할머니. 그 추억만 생각해도, 행복이라는 그런 추억 있어 행복이라는 것을 자랑하고 싶어지는 순간입니다.

돈이 필요한 가난한 사람에게 재물을 번쩍 던져주고 몸이 편치 않은 사람에게 벌떡 일어나게 흐르는 눈물 닦아 주면 고맙다 칭찬을 할겁니다. 아마도 아마도 꼭 그렇게 될 거라고 백호가 우리에게 힘이 될 거라고 믿습니다. 새해 하얀 눈까지 온 천지를 덮었으니 그럴 수 밖에 없지 않을까요.

다시 찾은 백운호수

오늘따라 쪽빛에 비추는 물결이 잔잔하다. 해맑게 반짝이는 너의 모습이 내게로 다가온다. 춤추는 물결에 나뭇잎 돛단배 띄우면 덩실덩실 춤추며 어디론가 떠나겠지. 그래서 이곳에 다시 찾아 왔을지도 모른다.

오늘은 낭만을 위해서가 아니다. 돌고 돌아온 길, 또다시 백운호수를 찾아왔다. 반갑다 손짓하는 너의 모습이 나에게 힘이라도 실어줄듯 그러길 바라는 마음 너는 알까.

나 혼자서 할 수 없는 일이 많다는 걸 안다. 때로는 타의에 의해 살수 밖에 없다는 것도. 이제 희망이고 운명이고 싶다.

다시 찾아온 백운호수, 나에게 힘찬 원동력을 실어 주려무나.

2009~2018

Ⅳ

이곳을 똑똑히 보아라

하늘이시어
안산에 떠있는 하늘이시어

광덕로에 갈기갈기 찢겨진 인도
절름발이 육교 3마리를 꼭 보아라

1년 중 350일 굳게 닫혀있는 와스타디움
화정천 안산천 공사현장을 쳐다 보아라

공사 도구 내팽개쳐진 흉측한 모습
우리 주머니 속에서 나온 것들이니 자세히 보아라

라면장사 안되니 예식장 달라고 떼쓰는 어린애
질질 끌려 다니는 철밥통 얼굴을 자세히 보아라

기습 폭설에 여기저기 차량 입맞춤 하는데
느긋이 팔짱끼고 미소 짓는 얼굴들을 보아라

빛이 안 보이는 칠흙 같은 어둠속에서도
언제나 불타는 희망을 잃지 않는 영롱한 눈빛들

가스비가 떨어져 냉방에서 웅크리고 있는
가난한 이웃사촌 형제들이
우리를 어떻게 보고 있는지를 똑똑히 보아라

퇴물 공무원 두 배되는 철갑통 선물하니
생선 고양이 흉내를 내고 또 내어도
솜방망이가 무엇인지 보여준 모습을 자세히 보
아라

안산 하늘이시어
백성의 눈에서 나오는 눈물이
얼마나 뜨겁고 매서운지 만지고 느껴보아라

아들과 라면을 먹으며

후르륵 후르륵

젓가락에 꽉 잡힌 면발이
중학교 2학년 입속으로
거침없이 빨려 들어갑니다

안경너머 김이 서려
보일까 말까마는

아주 오래된 일인지
작은 실수도 없습니다

배추김치 쭉쭉 찢어
라면에 얹으니 김치라면 완성입니다

국물 쪼르륵 삼키니
군침이 절로 나고

한참을 쳐다보다
맛이 어떠냐

입가에 환한 미소로
가장 행복한 순간이라고.

눈사람 이야기

작은 탁구공 만들어 이리저리 굴리니 축구공이 되어버렸다. 수박만하더니 사람 키만큼 커졌다. 하늘이 준 선물로 갖고 싶었던 모든 것을 만들어 보았다. 부처님, 하나님도 탄생시켰다. 생각대로 무엇이든 만들고 부순다.

사랑도 만들 수 있을까. 미움도 만들 수 있을까.

오늘은 추억을 현실로 만들고 싶다.

봄이오는 소리 1

산들산들 봄바람이 수암봉에 스치운다
지나는 손님인가 자세히 보았더니
곱게 단장한 차림으로 봄이 다시 찾아왔네

개나리 진달래
봄바람 친구 되어 재잘재잘
수암봉 능선따라
희망의 노래를 합창하고

신나게 날고 있는 박새가족
다시 온 봄날을 눈치챘는지
짹짹짹 박자 맞추어
내일의 희망을 노래하네

살아있음에 고마움을 노래하네.

봄이 온다

겨우내 매섭던 칼바람
어디론가 떠나가고
살며시 다가와 웃음 짓는 봄

새봄이 오네
새봄이 오네

이제서야 알았네

돌뿌리가 있는지 모르고 살다가
이제야 알게 됐네

당신,
그대가 소중한지도 이제 알았네

눈이 내리고 난 뒤

세차장 가는 길이 멀고 힘들다고 합니다. 차에 물을 뿌리면 금방 고드름이 만들어집니다. 도로 곳곳에는 사고가 난 차들이 꽉 들어차 있습니다. 엉덩방아 많이 찧으니 정형외과 병원도 만원이랍니다. 보험회사들 울상이고 지각하는 사람들 발 동동 구르는 소리 요란합니다.

세상은 좋고 슬픔이 교차하니 무엇이 행복이고 불행인지 알 수가 없습니다.

안산 광덕산이여! 우리의 눈물을 닦아주오

아지랑이 피어나는 화사한 봄날, 저 멀리 광덕산 정상에 먹구름이 몰려온다. 세찬 바람 장대비 몰아쳐 무참히 짓밟아 버렸다. 하늘을 찌를 듯한 전둥소리 그 천둥소리에 놀란 작은 가슴. 이게 몇 번째인가 자세히 세어보니 하나라 둘이라 셋이라. 넋을 잃고 허공만 바라보니 에이! 누구를 원망하리. 이번은 아니기를 손 모아 기도하고, 아이고! 이젠 이골이 난다.

봄 향기 맞고 기력 찾으려나. 천둥소리 세찬 회오리바람도 땅 찌를 듯 장대비도 이제 그치겠지. 그대여 그대들이여. 창피하다 서글프다 울지 마오. 우리의 업보 아니겠는가. 파란집 지키는 광덕산 바라보며 아! 2010년 봄 손님이여!
어서 오라 소원 빌면 들어주겠지.

6.2 지방선거에 나섰던 선수들이여!

가슴 가슴마다 흥분된 심장소리
영광의 합창

흐느껴 흐르는 눈물이여
추풍낙엽이 따로 있는가
낙선의 고배를 마셔버린
일그러진 초상들이여

관객이 되어버린 우리는
허공만 바라볼 뿐

영광이 영원할 수 없기에
이제 흥분을 가라앉히고
선택한 민심에 대답해야 할 것이다

외면한 사람에 미워말고
조건 없는 봉사를 해야 할 것이다
함께 동행해야할 것이다

한마음으로 안산을 사랑하고
상처를 포근히 감싸고 치유해야 할 것이다

우리를 사랑한다 약속했기에
그 언약을 꼭 지켜야 할 것이다

쉽게 떠나버린 2010년 봄

오는가 싶더니 떠나려는가
피는가 싶더니 지는 꽃처럼

봄이 멀었다고
눈발내린 하늘을 원망하던 시절이 얼마 전인데

천안함 분노의 열기가
백령도까지 흐르고 흘러

그 뜨거움이
하늘까지 이어졌나

차라리 가려거든 눈물 슬픔까지도
봄바람에 실어 보내고 싶다.

또 비가 오네요

비가 오네요
또
비가 오네요

오지마라 해서
오지 않는다면 모를까

물어봐도 듣지 못하고
듣지 못하니 대답을 할 수 있나요

비가 오네요
또 비가 오네요

전통 성년식에서

어느 봄날 새싹 트더니
어느새 의젓한 푸르름으로 성장했습니다

씨앗뿌린지 어제 같은데
이제 야무진 열매되어 뽐내고 있습니다

고사리손 아장아장 걷다가
엄마 아빠 손잡은게 엊그제인데

이제 혼자 일어서고
남도 일으키며 살아야 합니다

차가운 칼바람 부는 날에
든든한 성년으로 우뚝선 얼굴 얼굴들

나를 키워준 부모님 선생님께
진심으로 인사드립니다

저물어 가는 12월에
흰눈이 소복이 쌓인 날
이제 새 출발하려 합니다

드높은 기상을 향해
힘차게 뚜벅뚜벅 걸어가야 합니다

걷다가 넘어지면 일어서고
살다가 힘겨우면 입술을 깨물며
힘차게 힘차게 걸어가야 합니다

바라건데

늘 올바른 마음 깨끗한 생각으로
밝은 세상 더 밝게 해야 합니다

내가 있는 존재의 이유가
무엇인지 자문하며 살아야 합니다

먼훗날

오늘 성년식에 다짐했던 것들
후회하지 않게 살아야 합니다
꼭 그래야 합니다

성년식을 맞아 진심으로 축하드립니다.

육신과 영혼 사이

나를 나아준 어머니
나를 있게 한 아버지

문득문득 떠오름을 감추지 못하고
생각을 멈출 수 없으니
이것이 영혼인지 모른다

추억들이 모두 그렇다
그게 영혼이기 때문이다

영혼도 육신도 가까이 있으니
기대기가 편하다

오늘도 내일도 나를 응원하실 부모님

아내는 나의 어머니

일찍 만나 미소를 준 사람
여자라고 여자가 아니다

할머니는 늘 말씀 하셨다

꽃만큼 미소로워야 하고
잘먹어야 하며
어머니 같아야 한다고

어머니 같은 품속을 그리워한다
어머니가 떠나고 나니 더 그렇다

아내는 어머니와 같은가 보다.

운명의 의미는

마음대로 할 수 없을 때가 많다
억지로 만남을 이을 수도 없다

죽고 사는 것도 그렇고
부귀영화도 내 멋대로 할 수 없다

수천만 사람과 한 시대를 살지만
우리 만남은 아주 작은 운명의 의미이다

인연이라는 것도
숙명이라는 것도
필연이라는 것도

자식들

일찍 딸을 낳았다
한참 후 또 딸을 낳았다
더 한참 후 아들을 낳았다

아들은 어머니의 소원이었다
손주의 한을 풀었으니 얼마나 좋을까

그런 아들이 군대를 다녀왔다
그런 아들이 어른이 되었다

한참 여름이었다
훈련소에 보내고 집으로 오는 길에
눈시울이 붉어졌다
어머니 생각에 그랬다

어머니가 계셨더라면
아마 손주를 붙들고 더 울고 말았을 텐데

정치라는 것

정치는 적을 만든다

부부도
형제도
친구도

그래도 정치는 정치다
우리는 정치와 산다

삶을 살찌우게
삶을 행복하게

그렇게만 된다면
그렇게만 된다면.

이유가 있었나 보다

나는 그가 좋았다
무조건 좋았는지 모른다

그런데 그건 아니었다
조건이 있었나 보다

그는 나를 몰랐다
그때는 몰랐나 보다

나중에 보니 조건이 있었다
내 마음이 그랬다

조건 없는 우정이 있을까
조건 없는 정치가 있을까

차라리 지금은 편하다
버리니 편하다

나중에 알았다
그도 나중에 알았나 보다

처음의 생각을
초심이라 말하는…

세상이 달라졌다

10년 만에 달라졌다
세월이 흐르니 달라졌다

하늘과 땅은 그대로인데
세상이 바뀌었다
세상사는 사람도 달라졌다

눈물로 지샌 이들
아픔을 참고 지내던
그들이 기지개를 펴고 있다

이게 세상사는 사람 모습이다
이게 세상에서 사는 모습이다

죽어도 죽은게 아니다
살아도 산게 아니었다

이제 세상사는 사람들이 주인이다
이제 세상사는 사람들이 영웅이다